- ☐ Das ist Bert.
- ☐ Bert ist ein Boxer.
- ☐ Er hat gewonnen.
- ☐ Bert hat rosa Handschuhe.
- ☐ Sein Gürtel ist grün.
- ☐ Die Schuhe sind lila.
- ☐ Berts Hose ist gelb.
- ☐ Sein Gesicht ist rot.
- ☐ Er hat grüne Haare.
- ☐ Bert trägt eine Krone.

Lies und male

Niederlande

☐ Male die Flagge oben rot.

☐ Lass die Flagge in der Mitte weiß.

☐ Male die Flagge unten blau.

Russland

☐ Lass die Flagge oben weiß.

☐ Male die Flagge unten rot.

☐ Male die Flagge in der Mitte blau.

Rumänien

☐ Male die Flagge links blau.

☐ Male die Flagge in der Mitte gelb.

☐ Male die Flagge rechts rot.

Polen

☐ Lass die Flagge oben weiß.

☐ Male die Flagge unten rot.

☐ Bist du ein Mädchen?   ja ☐   nein ☐

Bulgarien

☐ Male die Flagge in der Mitte grün.

☐ Lass die Flagge oben weiß.

☐ Male die Flagge unten rot.

Luxemburg

☐ Male die Flagge oben rot.

☐ Male die Flagge unten hellblau.

☐ Lass die Flagge in der Mitte weiß.

Hunde können
☐ bellen. ☐ lesen. ☐ rechnen.

Schnee ist aus
☐ Limo. ☐ Wasser. ☐ Milch.

Basketball ist eine
☐ Pflanze. ☐ Sportart. ☐ Maus.

Ein Pferd hat eine
☐ Hose. ☐ Mähne. ☐ Perle.

Wespen haben einen
☐ Lehrer. ☐ Hut. ☐ Stachel.

Michael ist ein
☐ Auto. ☐ Käse. ☐ Name.

Auf dem Fluss fährt eine
☐ Jacht. ☐ Lok. ☐ U-Bahn.

Hosen haben zwei
☐ Arme. ☐ Augen. ☐ Beine.

Was ist eine Amsel? ☐ ein Auto ☐ ein Vogel ☐ eine Blume

Ist das ein Kamm?

☐ ja   ☐ nein

Ist das ein Schwamm?

☐ ja   ☐ nein

Male den Schwamm rosa.

Ist der Schwamm trocken?

☐ ja   ☐ nein

Ist der Schwamm nass?

☐ ja   ☐ nein

Ist der Schwamm rund?

☐ ja   ☐ nein

Ist das ein Lamm?

☐ ja   ☐ nein

Mit einem Schwamm kann man

☐ purzeln.   ☐ paddeln.   ☐ putzen.

Ist das eine Hand?

☐ ja   ☐ nein

Heißt der Hund Hans?

☐ ja   ☐ nein

Heini

Male Heinis Fell braun.

Hat der Hund ein Halsband?

☐ ja   ☐ nein

Hat der Hund eine Wurst?

☐ ja   ☐ nein

Hat der Hund kurze Beine?

☐ ja   ☐ nein

Hat der Hund einen Stock?

☐ ja   ☐ nein

Der Hund wedelt mit dem

☐ Auge.   ☐ Schwanz.   ☐ Maul.

Eis ist sehr
☐ warm. ☐ heiß. ☐ kalt.

Der Kaktus hat viele
☐ Stacheln. ☐ Omas. ☐ Augen.

Elefanten haben einen
☐ Beutel. ☐ Rüssel. ☐ Höcker.

Das Auto fährt mit
☐ Senf. ☐ Steinen. ☐ Benzin.

Ein Käfer krabbelt im
☐ Weltall. ☐ Ozean. ☐ Gras.

Ein Würstel liegt auf dem
☐ Bauch. ☐ Grill. ☐ Rücken.

Auf der Straße fahren
☐ Berge. ☐ Busse. ☐ Bananen.

Ein Klavier hat
☐ Durst. ☐ Tasten. ☐ Husten.

Wie viele Ohren haben vier Affen?   ☐ drei   ☐ fünf   ☐ acht

Lies und male

☐ Das ist Anna.

☐ Anna spielt gerne Fußball.

☐ Sie steht am liebsten im Tor.

☐ Ihre Handschuhe sind rot.

☐ Anna ist eine gute Torwartin.

☐ Sie hat den Ball gehalten.

☐ Der Ball ist blau.

☐ Annas Hemd ist gelb.

☐ Male Anna braune Haare.

Spielst du gerne Fußball?   ☐ ja   ☐ nein

Ist das ein König?

☐ ja   ☐ nein

Ist das eine Königin?

☐ ja   ☐ nein

Kati

Male das Bild bunt.

Trägt die Königin eine Krone?

☐ ja   ☐ nein

Trägt die Königin eine Kette?

☐ ja   ☐ nein

Trägt die Königin eine Brille?

☐ ja   ☐ nein

Trägt die Königin einen Hut?

☐ ja   ☐ nein

Die Königin heißt

☐ Katze.   ☐ Kati.   ☐ Kater.

Kreuze an und male

Ist das ein König?

☐ ja ☐ nein

Können Könige lachen?

☐ ja ☐ nein

Kuno

Male das Bild bunt.

Hat der König einen Bart?

☐ ja ☐ nein

Hält der König einen Schirm?

☐ ja ☐ nein

Trägt der König eine Krone?

☐ ja ☐ nein

Hat der König lange Haare?

☐ ja ☐ nein

Der König heißt

☐ Kino. ☐ Kilo. ☐ Kuno.

Die Spinne spinnt ein
☐ Netz. ☐ Schloss. ☐ Auto.

Bananen haben eine
☐ Oma. ☐ Brille. ☐ Schale.

Ich esse ein Brot mit
☐ Gras. ☐ Käse. ☐ Holz.

Ein Kater ist ein
☐ Teller. ☐ Tier. ☐ Turm.

Das Kamel hat zwei
☐ Rüssel. ☐ Höcker. ☐ Beutel.

Der Roller hat zwei
☐ Haare. ☐ Räder. ☐ Äste.

Sarah und Nina sind
☐ Ufos. ☐ Mädchen. ☐ Blumen.

Pudel und Dackel
☐ piepsen. ☐ miauen. ☐ bellen.

Kobras sind ☐ Schlüssel. ☐ Schlösser. ☐ Schlangen.

Deutschland

Belgien

Schweden

☐ Male die Flagge oben schwarz.

☐ Male die Flagge in der Mitte rot.

☐ Male die Flagge unten gelb.

☐ Male die Flagge links schwarz.

☐ Male die Flagge rechts rot.

☐ Male die Flagge in der Mitte gelb.

☐ Male das Kreuz gelb.

☐ Male den Rest der Flagge blau.

☐ Magst du Kuchen?   ja ☐   nein ☐

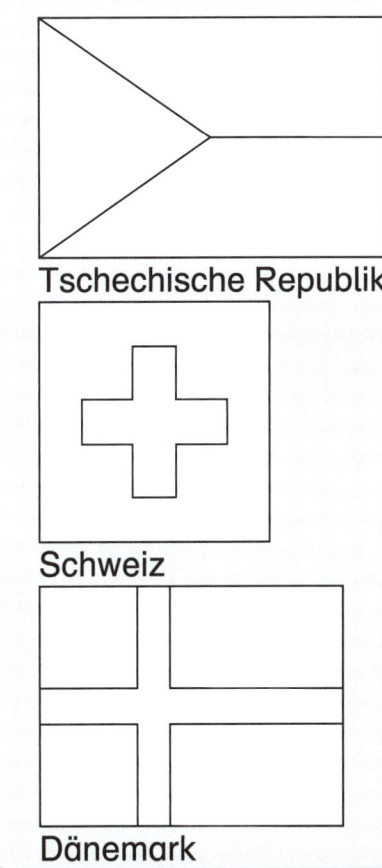

Tschechische Republik

Schweiz

Dänemark

☐ Male das Dreieck blau.

☐ Lass die Flagge oben weiß.

☐ Male die Flagge unten rot.

☐ Lass das Kreuz weiß.

☐ Male den Rest der Flagge rot.

☐ Hast du eine Puppe?　　ja ☐　　nein ☐

☐ Lass das Kreuz weiß.

☐ Male den Rest der Flagge rot.

☐ Bist du ein Bär?　　ja ☐　　nein ☐

Kirschen haben einen
□ Kuchen. □ Knochen. □ Kern.

Korallen leben im
□ Schnee. □ Meer. □ Wind.

Spaghetti sind
□ Äpfel. □ Fliegen. □ Nudeln.

Vor der Tür liegt eine
□ Fußmatte. □ Kuh. □ Torte.

Auf Spaghetti kommt
□ Seife. □ Erde. □ Sauce.

Papa kocht in der
□ Tanne. □ Kutsche. □ Küche.

Die Bürste ist für die
□ Haare. □ Wiese. □ Wüste.

Müll kommt in den
□ Zoo. □ Mistkübel. □ Wald.

Wie viele Beine haben zwei Hosen? □ zwei □ vier □ sechs

- ☐ Das ist Rosa.
- ☐ Rosa spielt Basketball.
- ☐ Ihre Kleidung ist rot.
- ☐ Sie hat braune Haare.
- ☐ Der Basketball ist orange.
- ☐ Male Rosas Rollstuhl bunt.
- ☐ Rosa schaut auf den Korb.
- ☐ Was ist denn das?
- ☐ Ein Vogel sitzt auf dem Korb.
- ☐ Unter dem Korb liegt ein Hut.
- ☐ Über Rosa fliegt ein Ballon.

☐ Das Gesicht ist vor dem Herzen.

☐ Das Gesicht ist hinter dem Herzen.

☐ Das Gesicht ist über dem Herzen.

☐ Die Sonne ist unter dem Kreis.

☐ Die Sonne ist vor dem Kreis.

☐ Die Sonne ist neben dem Kreis.

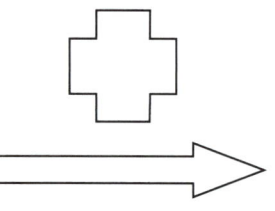

☐ Das Kreuz ist über dem Pfeil.

☐ Das Kreuz ist neben dem Pfeil.

☐ Das Kreuz ist unter dem Pfeil.

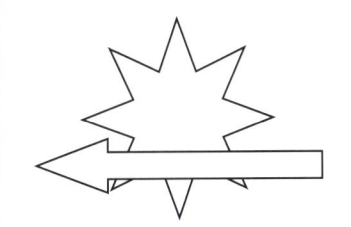

☐ Der Pfeil ist unter dem Stern.

☐ Der Pfeil ist vor dem Stern.

☐ Der Pfeil ist hinter dem Stern.

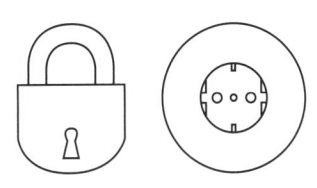

☐ Das Schloss ist neben der Steckdose.

☐ Das Schloss ist über der Steckdose.

☐ Das Schloss ist hinter der Steckdose.

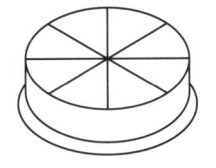

☐ Die Linie ist über der Torte.

☐ Die Linie ist neben der Torte.

☐ Die Linie ist unter der Torte.

Kreuze an und male

Ist das eine Katze?

☐ ja ☐ nein

Heißt die Katze Kia?

☐ ja ☐ nein

Kia

Male Kia einen Korb.

Haben Katzen ein Fell?

☐ ja ☐ nein

Jagen Katzen Mäuse und Vögel?

☐ ja ☐ nein

Haben Katzen scharfe Krallen?

☐ ja ☐ nein

Tragen Katzen gerne Hosen?

☐ ja ☐ nein

Katzen können nicht

☐ miauen. ☐ springen. ☐ rechnen.

Ist das ein Pferd?

☐ ja   ☐ nein

Heißt das Pferd Sonja?

☐ ja   ☐ nein

Sana

Male Sana eine Wiese.

Pferde haben vier

☐ Ohren.   ☐ Mähnen.   ☐ Beine.

Ein weißes Pferd ist ein

☐ Schaf.   ☐ Schimmel.   ☐ Schiff.

Pferde können sehr schnell

☐ rechnen.   ☐ bügeln.   ☐ laufen.

Ein junges Pferd nennt man

☐ Welpe.   ☐ Fohlen.   ☐ Kücken.

Pferde fressen Hafer, Heu und

☐ Pudding.   ☐ Gras.   ☐ Suppe.

☐ Das ist Ronny.

☐ Ronny ist ein _____ .

☐ Seine Nase ist rot.

☐ Die Blumen sind lila.

☐ Ein Schuh ist orange.

☐ Der andere Schuh ist grün.

☐ Sein Kostüm ist bunt.

☐ Ronny spielt Jo-Jo.

☐ Ein Vogel sitzt auf seinem Kopf.

☐ Auf dem Boden liegt ein Ball.

☐ Ronny ist ein lustiger Clown.

Das Fahrrad hat eine

☐ Zunge. ☐ Klingel. ☐ Wiese.

Ein Storch hat lange

☐ Haare. ☐ Beine. ☐ Arme.

Nashörner sind große

☐ Steine. ☐ Blumen. ☐ Tiere.

Nudeln kann man

☐ trinken. ☐ kämmen. ☐ essen.

Ich bringe den Brief zur

☐ Puppe. ☐ Post. ☐ Pfeife.

Ich schreibe mit einem

☐ Bus. ☐ Stift. ☐ Schal.

Der Magnet zieht Eisen

☐ an. ☐ um. ☐ aus.

Der Topf hat einen

☐ Husten. ☐ Onkel. ☐ Deckel.

Was ist eine Kiwi? ☐ eine Frucht ☐ eine Maus ☐ eine Lehrerin

☐ Der große Kreis ist schwarz.

☐ Das große Quadrat ist rot.

☐ Der große Ring ist rot.

☐ Das große Kreuz ist gelb.

☐ Das kleine Dreieck ist blau.

☐ Das kleine Quadrat ist lila.

☐ Der kleine Pfeil ist orange.

☐ Die Sonne ist orange.

☐ Das große Dreieck ist blau.

☐ Der kleine Ring ist schwarz.

☐ Der kleine Kreis ist schwarz.

☐ Das kleine Kreuz ist blau.

☐ Der große Pfeil ist blau.

☐ Male den Rahmen grün.

☐ Das ist Bello.

☐ Bello ist ein _____ .

☐ Sein Fell glänzt dunkelbraun.

☐ Bello ist sehr lustig.

☐ Er trägt einen roten Hut.

☐ Auf dem Hut liegt ein Ball.

☐ Auf dem Ball steht eine Kerze.

☐ Bello schnüffelt an einem Baum.

☐ Am Himmel sind Wolken.

☐ Es regnet.

☐ Bello mag Regen.

Manche Buben heißen

☐ Elke.   ☐ Paul.   ☐ Monika.

„Bitte ein Eis mit

☐ Senf." ☐ Salz." ☐ Schlagobers."

Auf dem Teller liegt eine

☐ Straße.   ☐ Pizza.   ☐ Wolke.

„Ich hätte gerne ein Glas

☐ Milch."   ☐ Qualm."   ☐ Luft."

Der Zahnarzt hat einen

☐ Fluss.   ☐ Berg.   ☐ Bohrer.

„Die Pizza bitte mit viel

☐ Sand."   ☐ Käse."   ☐ Kohle."

Schaum reimt sich auf

☐ Ball.   ☐ Besen.   ☐ Baum.

Hände wäscht man mit

☐ Seife.   ☐ Schlamm.   ☐ Gras.

Was ist nicht gelb?   ☐ Zitrone   ☐ Banane   ☐ Orange

Male drei
grüne Vierecke.

Male vier
blaue Dreiecke.

- ☐ Das kleine Kreuz ist gelb.
- ☐ Male lila Punkte in das große Kreuz.
- ☐ Male ein Gesicht in den großen Kreis.
- ☐ Der kleine Kreis ist schwarz.
- ☐ Male rote Kreise in das große Dreieck.
- ☐ Der kleine Pfeil ist braun.
- ☐ Das große Herz ist rot.
- ☐ Das kleine Dreieck ist blau.
- ☐ Das kleine Herz ist lila.
- ☐ Der kleine Mond ist gelb.
- ☐ Male rote Streifen in den großen Pfeil.
- ☐ Der große Mond ist gelb.

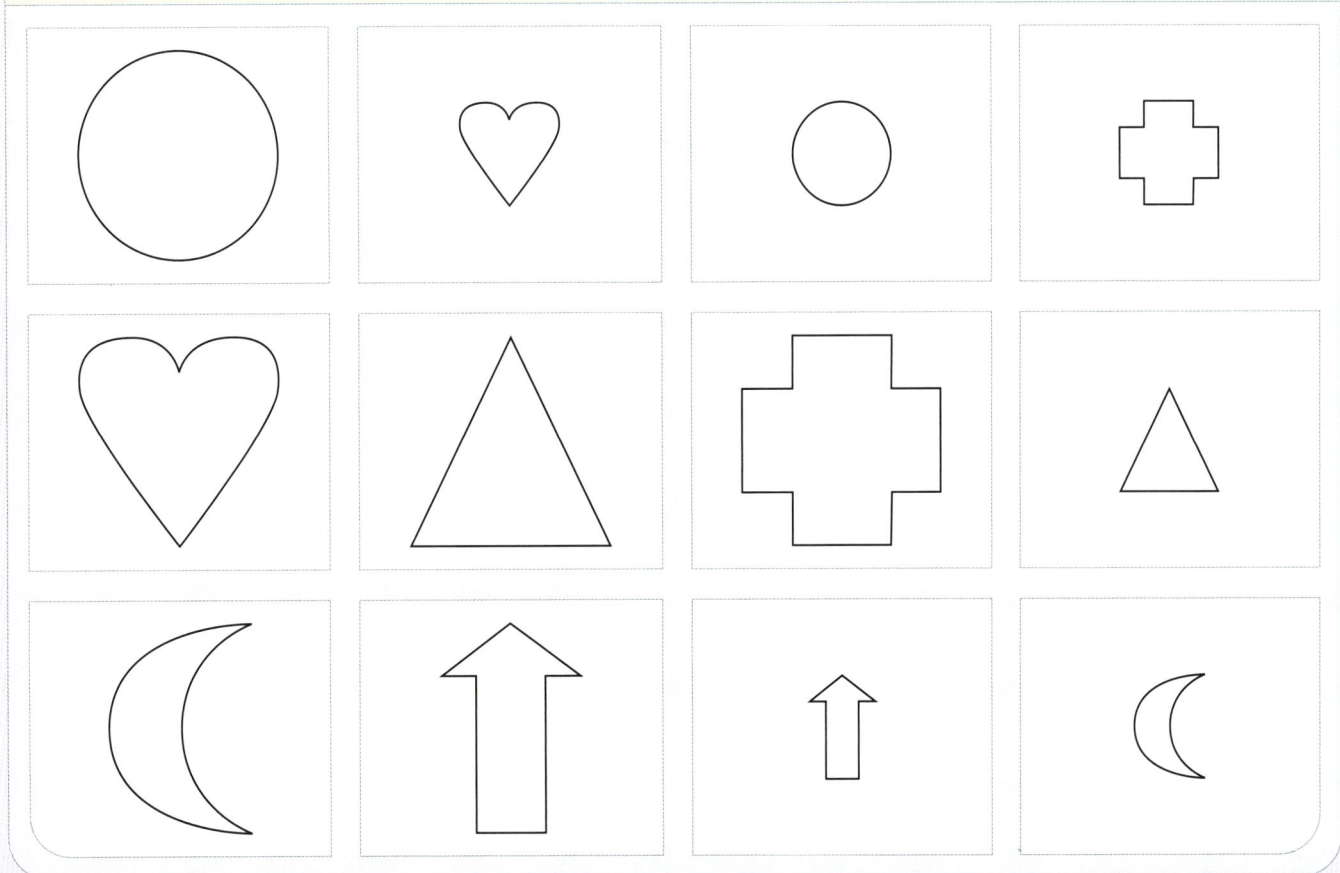

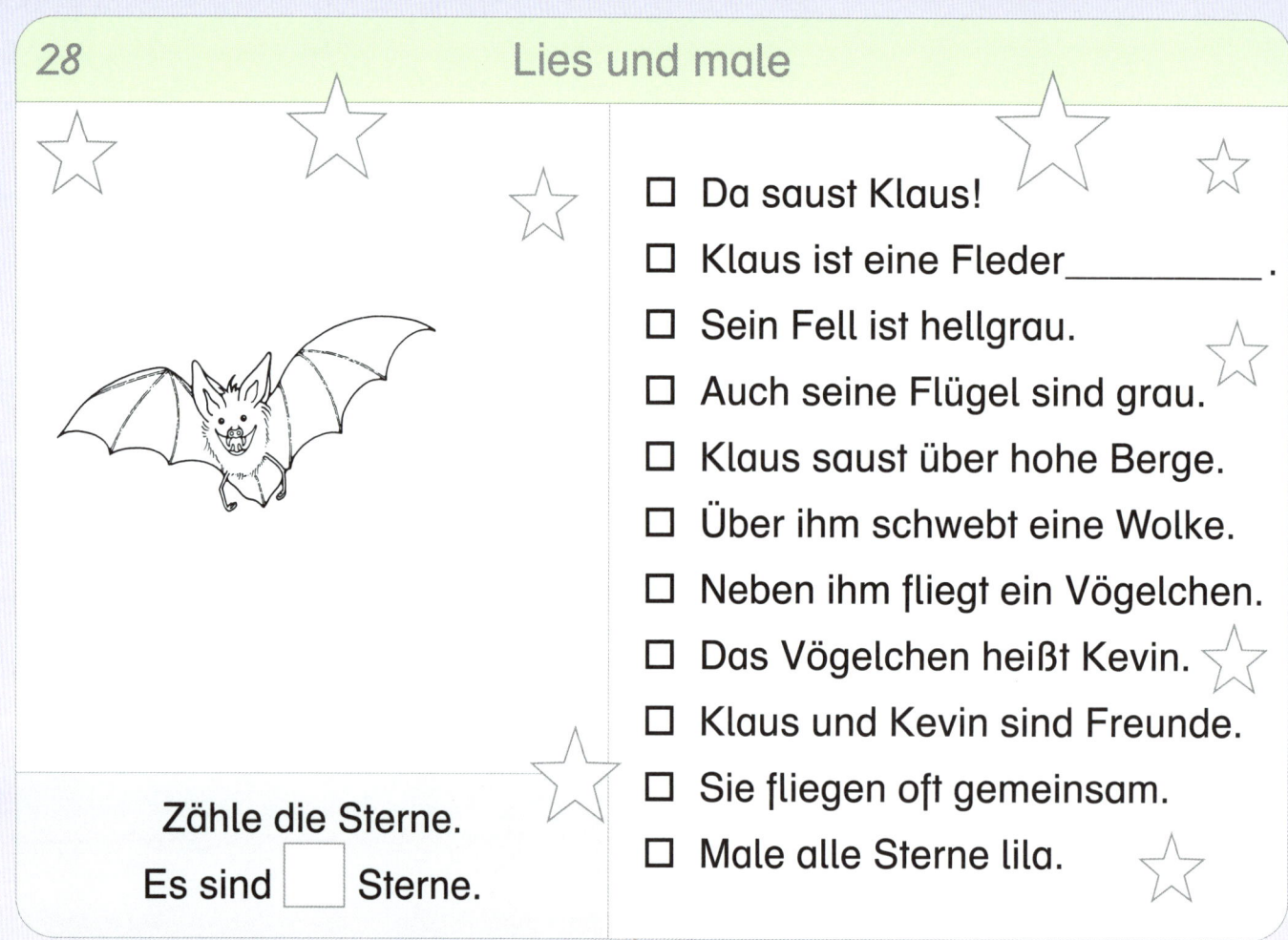

Zähle die Sterne.

Es sind ☐ Sterne.

☐ Da saust Klaus!

☐ Klaus ist eine Fleder_____.

☐ Sein Fell ist hellgrau.

☐ Auch seine Flügel sind grau.

☐ Klaus saust über hohe Berge.

☐ Über ihm schwebt eine Wolke.

☐ Neben ihm fliegt ein Vögelchen.

☐ Das Vögelchen heißt Kevin.

☐ Klaus und Kevin sind Freunde.

☐ Sie fliegen oft gemeinsam.

☐ Male alle Sterne lila.

Der Bub schreibt in sein
☐ Meer. ☐ Brot. ☐ Heft.

Äpfel wachsen auf einem
☐ Zaun. ☐ Baum. ☐ Kamm.

Ein Dreieck hat drei
☐ Brüder. ☐ Seiten. ☐ Nasen.

Einen Ballon pumpt man
☐ um. ☐ zu. ☐ auf.

Zähne putzt man mit
☐ Zucker. ☐ Zahnpasta. ☐ Öl.

Schimpansen sind
☐ Gelsen. ☐ Affen. ☐ Vögel.

Auf dem Boden krabbelt eine
☐ Uhr. ☐ Ameise. ☐ Zitrone.

Topf reimt sich auf
☐ Pferd. ☐ Pfote. ☐ Kopf.

Was wird nicht heiß? ☐ ein Herd ☐ ein Ofen ☐ eine Brille

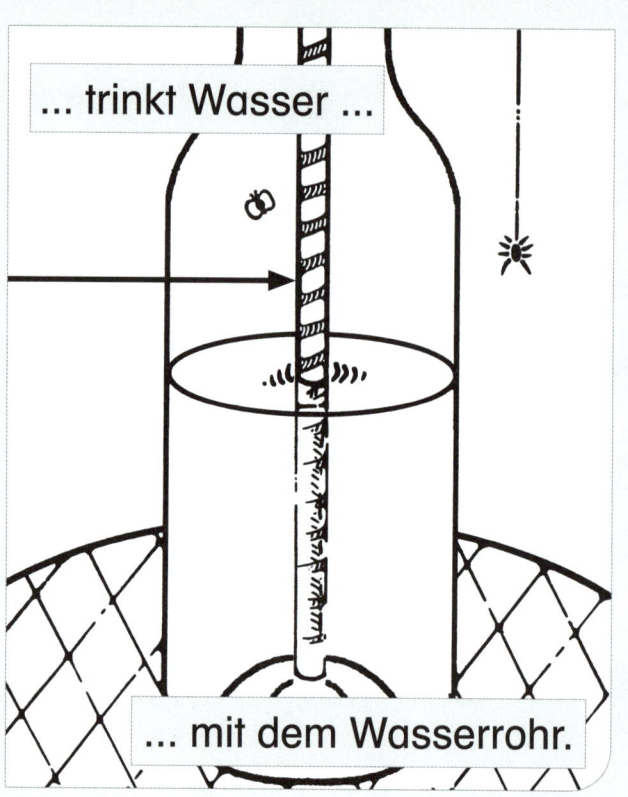

Der Elefant trinkt eine Flasche

☐ Tee. ☐ Fruchtsaft. ☐ Wasser.

Der Elefant trägt eine

☐ Haube. ☐ Brille. ☐ Turnhose.

In der Flasche fliegt eine

☐ Kuh. ☐ Spinne. ☐ Fliege.

Die Wasserflasche ist

☐ voll. ☐ halb voll. ☐ leer.

Die Spinne hängt an einem

☐ Fallschirm. ☐ Faden. ☐ Kran.

☐ Der Elefant ist gelb.

☐ Er trägt einen Hut.

☐ Male die Brille rot.

☐ Der Strohhalm ist rosa.

☐ Im Wasser schwimmen zwei Fische.

☐ Male den Tisch bunt.

Wo leben Elefanten?

☐ am Nordpol

☐ im Weltall

☐ auf Bäumen

☐ in Afrika

Lies und male

Wie viele

Räder hat ein Auto? ☐

Wie viele

Ecken hat ein Dreieck? ☐

Wie viele

Ohren hat eine Katze? ☐

Wie viele

Beine haben zwei Kamele? ☐

Wie viele

Zehen hat ein Fuß? ☐

Wie viele

Finger hat ein Mensch? ☐

Wie viele

Flügel hat ein Wurm? ☐

Wie viele

Sterne zählst du? ☐

Wie viele

Nasen haben neun Kinder? ☐

Male die Sterne blau.

☐ Da steht eine Burg.

☐ Eine Burg aus rotem Stein.

☐ Sie steht auf einem Berg.

☐ Ein Weg führt zum Tor.

☐ Die Burg gehört Lea.

☐ Lea ist eine Königin.

☐ Sie steht auf dem linken Turm.

☐ Was fliegt denn da?

☐ Drei bunte Luftballons

☐ und eine blaue Wolke.

☐ Lea wundert sich.

Der Sandwurm ...

... tanzt den Reifen-Twist, ...

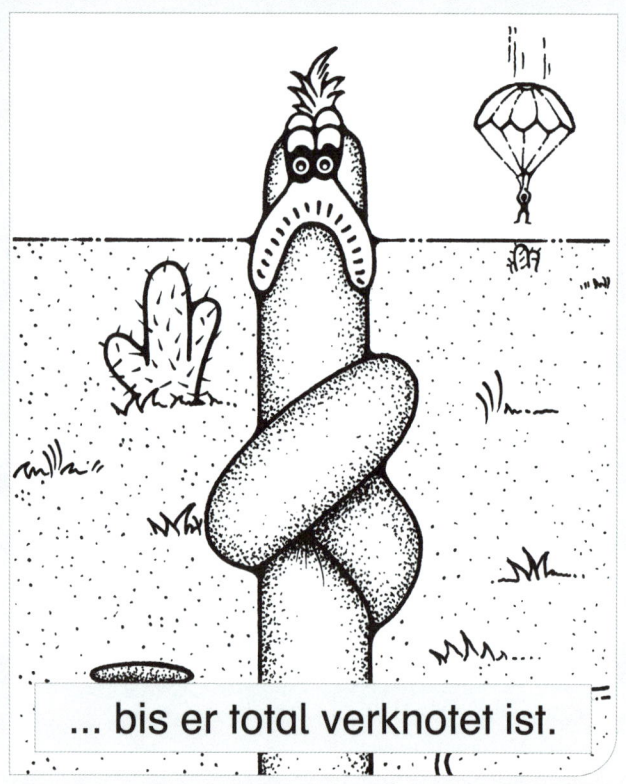

... bis er total verknotet ist.

Der Sandwurm tanzt in der

☐ Küche. ☐ Schule. ☐ Wüste.

Der Sandwurm tanzt mit einem

☐ Reifen. ☐ Kaktus. ☐ Kübel.

In der Wüste wachsen

☐ Tulpen. ☐ Kakteen. ☐ Ohren.

Ein Mensch hängt an einem

☐ Keks. ☐ Dino. ☐ Fallschirm.

Der Fallschirmspringer

☐ startet. ☐ landet. ☐ läuft.

☐ Der Wurm ist rot.
☐ Die Kakteen sind grün.
☐ Male den Reifen rosa.
☐ Der Sand ist orange.
☐ Der Fallschirm ist bunt.
☐ Die Sonne scheint.
☐ Der Himmel ist blau.

Was ist eine Wüste?

☐ die Säge
☐ die Salami
☐ die Sahara
☐ die Sauce

Socken wärmen die
☐ Haare. ☐ Hände. ☐ Füße.

Eine Schlange hat keine
☐ Haut. ☐ Beine. ☐ Zunge.

Zebrastreifen sind auf der
☐ Wiese. ☐ Birne. ☐ Straße.

Ein Regenbogen ist
☐ weiß. ☐ unsichtbar. ☐ bunt.

Tinas Bruder heißt
☐ Tom. ☐ Tina. ☐ Tanja.

Toms Schwester heißt
☐ Tom. ☐ Tina. ☐ Tim.

Menschen haben zwei
☐ Nasen. ☐ Rücken. ☐ Hände.

Gummistiefel sind aus
☐ Glas. ☐ Gurken. ☐ Gummi.

Was gehört zum Fußball? ☐ Zwölfmeter ☐ Elfmeter ☐ Zehnmeter

☐ Das ist Quallo.

☐ Quallo ist ein _____ .

☐ Sein Haken ist grün.

☐ Das Holzbein ist rosa.

☐ Er trägt eine orange Hose.

☐ Sein Hemd ist gestreift.

☐ Quallos Zähne sind gelb.

☐ Er trägt einen lila Socken.

☐ Male seine Haut hellbraun.

☐ Links steht ein kleiner Tisch.

☐ Rechts liegt ein roter Fisch.

Sie sind Tiere.

Sie haben Flügel.

Viele bauen Nester.

☐ Tiger ☐ Fliegen ☐ Vögel

Sie ist flüssig.

Sie ist ein Getränk.

Sie stammt von Kühen.

☐ Sauce ☐ Milch ☐ Limonade

Sie sind warm.

Man kann sie essen.

Sie werden gebacken.

☐ Pizzas ☐ Vulkane ☐ Suppen

Sie haben zwei Ohren.

Kinder spielen mit ihnen.

Sie sind Bären.

☐ Puppen ☐ Löwen ☐ Teddys

Sie sind groß.

Sie sind Tiere.

Sie haben einen Rüssel.

☐ Berge ☐ Elefanten ☐ Pandas

Sie sind hart.

Man muss sie putzen.

Wir kauen mit ihnen.

☐ Tassen ☐ Zähne ☐ Steine

Sie fahren.

Sie haben Räder.

Sie fahren auf Schienen.

☐ Züge ☐ Autos ☐ Schiffe

Sie sind Tiere.

Sie haben ein Fell.

Sie können bellen.

☐ Affen ☐ Hunde ☐ Wale

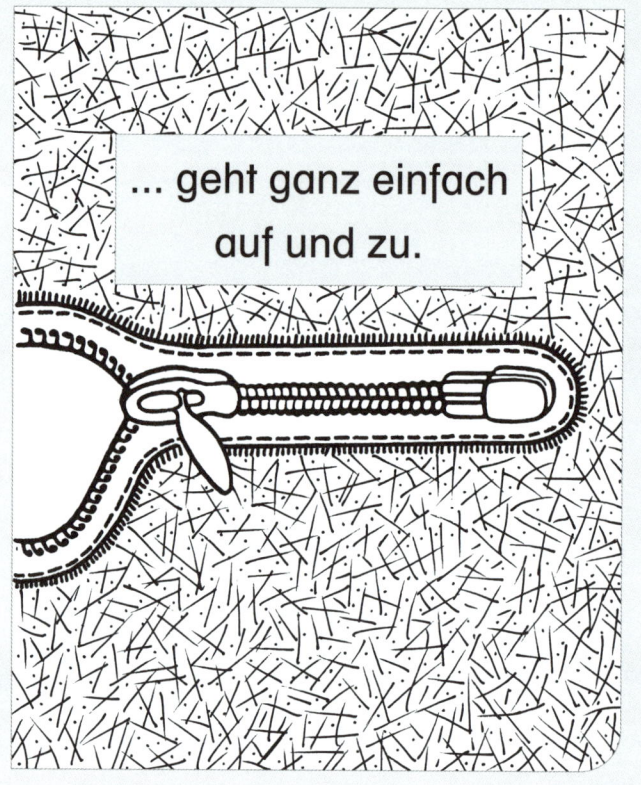

Das Känguru trägt eine

☐ Jacke.   ☐ Uhr.   ☐ Wollhaube.

Das Känguru trägt auch eine

☐ Kirsche.   ☐ Kette.   ☐ Kiste.

Das Känguru steht auf einer

☐ Schule.   ☐ Wiese.   ☐ Burg.

Hinter der Wiese stehen

☐ Schafe.   ☐ Berge.   ☐ Häuser.

Der Beutel hat einen

☐ Reißverschluss. ☐ Fuß. ☐ Ast.

☐ Male das Känguru braun.

☐ Auf der grünen Wiese stehen Blumen.

☐ Ein Haus ist lila.

☐ Das andere Haus ist rot.

☐ Der Beutel hat einen gelben Reißverschluss.

Kängurus können weit

☐ spielen.

☐ sprechen.

☐ spülen.

☐ springen.

- ☐ Das ist eine Puppe.
- ☐ Die Puppe heißt Lisa.
- ☐ Lisa trägt eine gelbe Bluse.
- ☐ Auf der Bluse sind Punkte.
- ☐ Lisas Hose ist blau.
- ☐ Ihre Haare sind grün.
- ☐ Sie trägt braune Schuhe.
- ☐ Lisa hat rote Wangen.
- ☐ Sie sitzt auf einer Decke.
- ☐ Vor ihr liegt ein bunter Ball.
- ☐ Male Lisa eine Haube.

Im Zirkus fällt ein Akrobat mitten in den Matsch. Platsch!

Über einen schmalen Graben hüpft ein kleiner Mops. Hops!

In den Matsch fällt ein
☐ Reh. ☐ Akrobat. ☐ Käfer.

Ein Mops ist ein
☐ Haus. ☐ Hund. ☐ Heft.

Der Akrobat fällt im
☐ Zoo. ☐ Zirkus. ☐ Kino.

Der kleine Mops
☐ hustet. ☐ hupt. ☐ hüpft.

Zu Matsch passt
☐ Saft. ☐ Schlamm. ☐ Pizza.

Möpse können
☐ bellen. ☐ backen. ☐ basteln.

Er ist nicht sehr groß.

Er ist oft aus Metall.

Er hat ein eigenes Schloss.

Mit ihm werden Türen geöffnet.

☐ Haken ☐ Schlüssel ☐ Nagel

Er ist lang und dünn.

Innen ist er hohl.

Man kann mit ihm trinken.

Notwendig ist er nicht.

☐ Bein ☐ Haar ☐ Strohhalm

Er braucht Strom.

Er ist ziemlich laut.

Er erwärmt die Luft.

Man braucht ihn für die Haare.

☐ Ofen ☐ Mixer ☐ Föhn

Sie kommt oft aus der Tube.

Sie steht meistens im Bad.

Sie ist für die Haut.

Sie pflegt die Haut.

☐ Senf ☐ Zahnpasta ☐ Creme

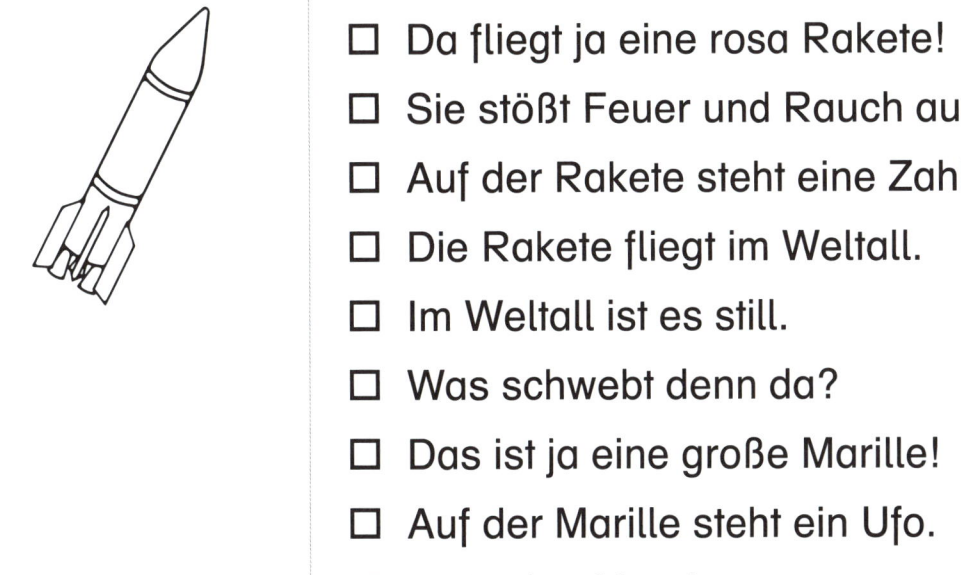

- ☐ Da fliegt ja eine rosa Rakete!
- ☐ Sie stößt Feuer und Rauch aus.
- ☐ Auf der Rakete steht eine Zahl.
- ☐ Die Rakete fliegt im Weltall.
- ☐ Im Weltall ist es still.
- ☐ Was schwebt denn da?
- ☐ Das ist ja eine große Marille!
- ☐ Auf der Marille steht ein Ufo.
- ☐ Male den Mond.
- ☐ Man kann die Erde sehen.
- ☐ Viele Sterne leuchten.

Wie heißt unser Planet?

☐ Venus   ☐ Erde   ☐ Mars

Die fröhliche Gurke

☐ weint.   ☐ wandert.   ☐ würfelt.

Die Gurke landet in einem

☐ Gurkenglas.   ☐ Zoo.   ☐ Busch.

Auf dem Glas stehen

☐ Bäume.   ☐ Schuhe.   ☐ Zwerge.

Das Glas ist

☐ flüssig.   ☐ offen.   ☐ geschlossen.

Die Gurke hat einen

☐ Stamm.   ☐ Stiel.   ☐ Sessel.

☐ Male alle Gurken grün.

☐ Die Schuhe sind rot.

☐ Der Glasdeckel ist blau.

☐ Die Steine sind grau.

☐ Der Weg ist braun.

☐ Das Gras ist hellgrün.

☐ Male vier lila Blumen.

Was gibt es nicht im Glas?

☐ Birnen

☐ Mais

☐ Turnschuhe

☐ Apfelmus

Man kann sie essen.

Sie werden gebacken.

Sie sind oft sehr knusprig.

Sie schmecken super mit Käse.

☐ Torten ☐ Kekse ☐ Semmeln

Es ist ein Land in Europa.

Dort gibt es Pizza und Spaghetti.

Dort leben Italienerinnen.

Dort leben Italiener.

☐ Polen   ☐ Belgien   ☐ Italien

Sie sind Tiere.

Sie leben in Australien.

Sie können sehr weit springen.

Sie haben einen Beutel.

☐ Kängurus ☐ Käfer ☐ Würmer

Sie sind lang und dünn.

Man hält sie in der Hand.

Sie haben Haare oder Borsten.

Man kann mit ihnen malen.

☐ Spaghetti ☐ Seile ☐ Pinsel

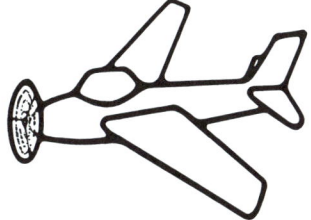

☐ Da fliegt ein rotes Flugzeug!

☐ Es fliegt unter den Wolken.

☐ Es fliegt durch den Regen.

☐ Es fliegt hinter einem Adler.

☐ Es fliegt über das Buntland.

☐ Im Buntland ist alles bunt.

☐ Male einen bunten Baum.

☐ Male ein buntes Haus.

☐ Male eine bunte Fahne.

☐ Wo fliegt das Flugzeug hin?

☐ Es fliegt nach _____ .

Es ist Nacht.

Es ist schwarze Nacht.

Es ist Mitternacht.

Geisterstunde!

Male die schwarze Nacht.

Was ist das?

Ein Geräusch!

Das sind Ketten!

Das ist ein Geist!

Male den Geist in Ketten.

Was macht der Geist?

Er weint!

„Meine Ketten sind so schwer!"

Der Geist bittet um Hilfe.

Male den traurigen Geist.

„Ich helfe dir gerne."

Endlich sind die Ketten ab.

„Vielen Dank!"

Der Geist ist glücklich.

Male den glücklichen Geist.

Zwerge tanzen auf dem Rasen,

haben dicke rote Nasen,

tragen Hüte auf dem Kopf

und einen langen lila Zopf.